Deutsche Spitzenpolitiker gegen die Leugnung des Holocaust und gegen Antisemitismus

Deutsche Spitzenpolitiker gegen die Leugnung des Holocaust und gegen Antisemitismus

Ein herausragender Tag im Deutschen Bundestag

Moshe Iofis

To order additional copies of this book, contact:
Xlibris
1-888-795-4274
www.Xlibris.com
Orders@Xlibris.com
745700

CONTENTS

LEV IOFIS- Ein Nachkomme von Holocaust-Überlebenden

Einleitung

Warum habe ich beschlossen, über den Deutschen Bundestag zu schreiben?

In meiner Erinnerung und aus Erzählungen meiner Eltern habe ich Orte wie den Reichstag in Berlin, Nürnberg oder Wannsee stets mit Rassenhass assoziiert - all dies waren Orte, an denen die unfassbaren Schrecken des Holocaust generiert und beschlossen wurden.

Nun, mehr als 80 Jahre nach der Machtergreifung der Nationalsozialisten, am 27. Januar 2010, saß ich auf der Tribüne im Plenarsaal des Deutschen Bundestags und konnte nach einer großen Eröffnungsrede durch Bundestagspräsident Prof. Dr. Norbert Lammert den damaligen israelischen Shimon Peres zu beobachten. Mit einer Kippa auf dem Kopf, las er das Kaddisch in Erinnerung an die sechs Millionen Juden, die während des Holocaust von den Nazis ermordet worden waren. Ich hörte seine hebräische Ansprache im Plenarsaal, gefolgt von stehendem Applaus der Bundestagsabgeordneten. Nach Peres sprach – ebenfalls sehr eindringlich - der Holocaust-Überlebende Professor Felix Tych.

Die gesamte Gedenkstunde war sehr emotional und von hoher Symbolik, was die historische und bis heute währende politische Bedeutung dieses Gedenktages im Reichstagsgebäude unterstrich.

Ich selbst habe nie in Deutschland gelebt und hatte keine Beziehung zum Bundestag. Aber mein Schicksal – wie auch das von Millionen Menschen, die Opfer oder Überlebende der Verfolgung durch das Nazi-Regime waren – hängt doch eng mit diesem Ort zusammen. Dies wurde mir an diesem besonderen Tag nochmals bewusst. Viele Worte, die hier und an anderen Orten in Deutschland geäußert wurden, viele Reden, die hier gehalten wurden, dienten der Vorbereitung von Hitlers Vernichtungskrieg gegen das jüdische Volk. Die Geschichte des Reichstags enthält viele Belege für diesen antisemitischen Weg Deutschlands, der das ganze deutsche Volk bis zur Umsetzung der wahnsinnigen Pläne dieses Diktators führte.

Die Katastrophe des jüdischen Volkes wurde geplant, begonnen und fortgesetzt, während der Reichstag von 1933 bis 1942 – zumindest zum Schein – noch funktionierte und Hitler seine Diktatur weiter ausbaute. 2Gerade während dieser ersten Jahre nach der Machtergreifung wurde die rassische Kategorisierung mit dem Begriff "Lebensunwertes Leben" ("Des Lebens unwürdig") umgesetzt. Damit wurden Juden, Roma, Behinderte und politisch Andersdenkende als Subjekte für die Vernichtung klassifiziert. (1)

Ich bin ein Überlebender des Holocaust. Meine Familie gelang es gerade noch, zu entkommen, bevor die deutschen Truppen unserer Heimatstadt Disna in Polen besetzten. Nach einer sehr langen, eisigen Fahrt in einem Lastwagen durch Russland und Teile Zentralasiens, wurde unsere Familie in einen elenden Unterschlupf im verschneiten Nord-Kasachstan gebracht. Während dieser Flucht wurde das von meinem Großvater erbaute Geburtshaus in Disna abgerissen und die Trümmer als Brennholz benutzt. Meine gesamte Heimatstadt wurde im Zweiten Weltkrieg zerstört. Die jüdische Bevölkerung von Disna wurde von den Nazis in ein Ghetto gebracht; darunter sechs bis acht Familien, die unsere Nachbarn waren. Am 14. Juni 1942 erreichte die Mordkampagne in der kleinen Stadt einen Höhepunkt: Es wurden 3800 Juden erschossen und in einem Massengrab verscharrt. In den nahe gelegenen Städten und in Lettland überlebte kaum einer unserer Verwandten.

Während des Krieges und noch Jahrzehnte danach, versuchen die Menschen zu verstehen, wie das deutsche Volk das Schicksal ihres ganzen Landes in die Hände der Nationalsozialisten und des Diktators Adolf Hitler legen konnte? Wie war es möglich, dass sie ihm folgten und seinen grausamen Wahnsinn in Taten umsetzten?

Bis heute haben wir vor allem die eine Erklärung: "Im Anfang war das Wort." (2)

Hitlers demagogischen Reden und Appelle hallten in den Köpfen der deutschen Bevölkerung wieder. Sie führten aus, was er wollte – mit den bekannten schrecklichen Folgen. Der Mord an Millionen Menschen in den Vernichtungslagern, der Tod von Millionen Soldaten und Zivilisten während des Krieges endete in einer großen Niederlage und erwies sich am Ende als Katastrophe für das ganze Land. In gewisser Weise war diese fast selbstzerstörerische Niederlage eine schmerzhafte Lektion, die es den Deutschen erst ermöglichte, ihr unausgereiftes Streben nach Vorherrschaft und Gewaltherrschaft, aufzugeben. Erst der hohe Preis dieser Niederlage führte zu einer Reinigung oder Katharsis der Menschen und ihrer politischen Führung und zu einer Suche nach der nationalen Seele Deutschlands – daraus ging in den Nachkriegsjahren ein neues, anderes Deutschland hervor. Zum Glück hatte Deutschland bewusste und verantwortliche Männer und Frauen gewählt, die in der Lage waren und sind, das Land nach dem Zweiten Weltkrieg demokratisch zu führen. Die Ergebnisse sind gut bekannt: Die Bundesrepublik Deutschland ist eine der erfolgreichsten Demokratien und Marktwirtschaften in der Welt. Umso wichtiger bleibt die stete Erinnerung an den millionenfachen Mord und die Übernahme der Verantwortung für all die Menschheitsverbrechen, die frühere Generationen dieses Landes unter der Herrschaft der Nationalsozialisten begangen haben.

In Deutschland hat das Bundesverfassungsgericht entschieden, dass eine Leugnung des Holocaust nicht von der im Grundgesetz garantierten Meinungsfreiheit geschützt ist, sondern als Volksverhetzung gilt und einen Straftatbestand darstellt, der mit bis zu fünf Jahren Gefängnis bestraft werden kann. Auch dies ist ein Zeichen für den Willen zur Demokratie und eine Häutung von der Nazi-Vergangenheit. Während der Gedenkstunde an die Opfer des Holocaust am 27. Januar 2010 zeigten die deutschen Spitzenpolitiker in tiefer eigener Überzeugung, welchen Respekt und welche Unterstützung sie Israel entgegenbringen. Die Redner erinnerten deutlich an die Verantwortung Deutschlands für den Holocaust und forderten vollständige Intoleranz gegenüber jeglicher Form von Antisemitismus. Für mich war dies ein kluger und überzeugender Akt der Hoffnung und des Friedens. Die heutigen politischen Amtsinhaber arbeiten weiter daran, die neu geschaffene Mentalität der deutschen Nation nach dem Zweiten Weltkrieg zu bewahren und zu festigen, ja, sie zu vor jeglichen nationalsozialistischen

Strömungen schützen, damit nie wieder vergleichbarer Schrecken und Terror von ihrem Land ausgeht.

Auch um dieses zu erreichen, sind WORTE, Reden und Gedenkstunden wichtig.

In diesem Text sind einige Auszüge der rassistischen Reden vor dem Holocaust enthalten, um die hohe Bedeutung der Worte der heutigen Politiker in der Bundesrepublik zu zeigen und dem schrecklichen "Damals" in gewisser Weise entgegenzustellen.

Am 2. Mai 1945 wehte die sowjetische Fahne über dem Reichstag.

Rede von Bundestagspräsident Prof. Dr. Norbert Lammert zum "Gedenktag für die Opfer des Nationalsozialismus" am 27. Januar 2010

Sehr geehrter Herr Staatspräsident! Herr Bundespräsident! Sehr geehrte Repräsentanten aller Verfassungsorgane! Exzellenzen! Herr Professor Tych! Liebe Kolleginnen und Kollegen! Verehrte Gäste! Anfang Mai wird hier in Berlin die "Topographie des Terrors" eröffnet. Die neue Dokumentationsstätte steht auf den Fundamenten der ehemaligen Hauptquartiere von Gestapo und SS sowie des sogenannten Reichssicherheitshauptamts. Vermutlich gibt es keinen anderen Ort, von dem aus in so diabolischer Weise Mord und Terror geplant und organisiert wurden. Auch der Völkermord an den europäischen Juden wurde von dort aus geleitet - nur wenige Hundert Meter von hier entfernt und scheinbar Lichtjahre weit weg.

Als Auschwitz am 27. Januar 1945 befreit wurde, hatte das Lager fünf Jahre, fünf unendlich lange Jahre, bestanden. In dieser Zeit wurden allein dort mehr als eine Million Menschen ermordet.

Wir gedenken heute, am 65. Jahrestag der Befreiung, aller Opfer, die in die Verfolgungs- und Tötungsmaschinerie des nationalsozialistischen Regimes gerieten. Wir gedenken aller, die um ihre Würde, ihre Gesundheit, ihr Hab und Gut, am Ende um ihr Leben gebracht wurden:

1

europäische Juden, Sinti und Roma, Menschen mit Behinderungen, Zwangsarbeiterinnen und Zwangsarbeiter, Homosexuelle, politisch Andersdenkende, Künstler, Wissenschaftler, alle, die als sogenannte Feinde des Nationalsozialismus herabgewürdigt wurden. Wir erinnern auch an diejenigen, die deshalb schikaniert, inhaftiert, gefoltert und ermordet wurden, weil sie Widerstand leisteten oder verfolgten Menschen Schutz und Hilfe gewährten.

Wir erneuern unser Versprechen, dass wir das, was in der Vergangenheit geschehen ist, nicht vergessen. Wir wissen um die Verpflichtung, jede Form von Hass, Intoleranz, Diskriminierung, Ausgrenzung und Antisemitismus entschieden zu bekämpfen.

Meine Damen und Herren, unter den Opfern von Auschwitz stellen die Juden Europas und Polen die zahlenmäßig größten Gruppen. Umso dankbarer sind wir, dass wir heute jeweils einen Gast aus Polen und Israel bei uns haben. Ich begrüße aus Israel den Staatspräsidenten, Herrn Schimon Peres, und ich begrüße aus Polen den Historiker Herrn Professor Feliks Tych.

Bis 1942 - dies entnehme ich einer Veröffentlichung von Professor Tych - hat es nirgendwo sonst auf der Welt eine so große geschlossene jüdische Bevölkerung gegeben wie in Polen. Dort waren von der Gesamtbevölkerung 10 Prozent und von der Stadtbevölkerung sogar 40 Prozent Juden - beinahe 3,5 Millionen Menschen. Bis 1939 galt Warschau als eine Hochburg jüdischer Kultur in der Welt; allein hier lebten fast 400 000 Juden. Zum Vergleich: In ganz Deutschland lebten bis 1933 rund 500 000 Juden. Viele Juden, wo immer sie heute leben, haben polnische Wurzeln, und dies trifft auch auf Herrn Staatspräsident Peres zu, der in der ehemals polnischen - heute weißrussischen Stadt Wiszniew - geboren wurde und nach traumatischen Erlebnissen 1934 mit seiner Familie nach Tel Aviv auswanderte.

Es kommt nicht häufig vor, dass ein ausländisches Staatsoberhaupt eingeladen wird, vor dem Deutschen Bundestag zu sprechen. Wenn mit Schimon Peres nun bereits zum dritten Mal ein israelischer Staatspräsident vor dem Deutschen Bundestag spricht, zumal an einem so herausgehobenen Tag, unterstreicht das die besonderen Beziehungen

zwischen unseren Staaten, für die es keine Parallele gibt. Es sind in der Tat
keine "normalen" Beziehungen, weil das Verhältnis zwischen Israel und
Deutschland nie "normal" war und deshalb auch nicht "normal" werden
muss oder soll. Unsere Beziehungen werden immer von den beispiellosen
historischen Erfahrungen geprägt sein. Israel ist auf der Asche des
Holocaust gegründet. Für die zweite Demokratie in Deutschland gehört
die Auseinandersetzung mit dem Holocaust gewissermaßen zu den
Grundlagen unserer Verfassung, nachdem ein totalitäres System die
Würde der Menschen in beispielloser Weise angetastet und in einer
diabolischen Verbindung von Menschenverachtung und Größenwahn
am Ende das eigene Land politisch, ökonomisch und moralisch ruiniert
und Millionen Opfer zurückgelassen hatte.

In den 65 Jahren nach der Befreiung der Konzentrationslager hat
sich zwischen Israel und Deutschland eine Freundschaft entwickelt,
die niemand ernsthaft erhoffen durfte. "In unserem jungen Staat",
hat Schimon Peres einmal gesagt, "überwog die Auffassung, dass der
Bruch mit Deutschland endgültig und für ewig sein müsse." Vor dem
Hintergrund, dass unter den Staatsgründern Israels die Überlebenden
der Todeslager und die Vertriebenen aus den zerstörten Gettos waren,
ist das eine ebenso deprimierende wie nachvollziehbare Einstellung.
Umso mehr müssen wir David Ben-Gurion und Konrad Adenauer,
den ersten Regierungschefs beider Länder, dankbar sein, dass trotz der
tiefen Gräben zwischen beiden Völkern wieder Vertrauen aufgebaut
wurde und die Grundlagen dafür gelegt wurden, was man heute im
Positiven die "besonderen Beziehungen" zwischen Deutschland und
Israel nennt: Wir Deutsche tragen eine Mitverantwortung für den Staat
Israel. Wo sein Existenzrecht und die Sicherheit seiner Bevölkerung
bedroht sind, wo das Recht, in sicheren Grenzen zu leben, gefährdet
ist, gibt es für uns Deutsche keine Neutralität. Wir Deutsche haben
für die Existenz und die Sicherheit Israels eine historisch begründete
besondere Verantwortung. Manches ist verhandelbar, das Existenzrecht
Israels nicht.

Ein atomar bewaffneter Staat in seiner Nachbarschaft, geführt von
einem offen antisemitisch orientierten Regime, ist nicht nur für Israel
unerträglich. Die Weltgemeinschaft darf eine solche Bedrohung nicht
dulden.

Sosehr Israel und Deutschland durch die Erfahrung des Holocaust verbunden sind, es wäre zu kurz gegriffen, unsere Beziehungen ausschließlich auf die historische Dimension zu verkürzen. Wir arbeiten intensiv zusammen, um die Zukunft zu gestalten. Über 100 Städtepartnerschaften gibt es zwischen deutschen und israelischen Kommunen, Dutzende von Hochschul- und Wissenschaftskooperationen. Es gibt einen lebhaften, wechselseitig befruchtenden Kulturaustausch und intensive, weiter wachsende Handelsbeziehungen sowie inzwischen regelmäßige Regierungskonsultationen zwischen unseren beiden Ländern. An all das war vor 65 oder 60 Jahren nicht einmal zu denken gewesen.

Ganz besonders beeindruckend, geradezu wunderbar: Jüdisches Leben ist nach Deutschland zurückgekehrt. Nach der Schoah schien es unvorstellbar, dass es in Deutschland jemals wieder blühende jüdische Gemeinden geben könnte. Mittlerweile wachsen die jüdischen Gemeinden in Deutschland, und jede Synagoge, die neu oder wieder eröffnet wird, bringt uns ein Stück näher zu dem Ziel, das Paul Spiegel hoffnungsvoll die "Renaissance des Judentums" genannt hat. Wir sind dankbar für jede junge Pflanze wiedererwachenden jüdischen Lebens und jüdischer Kultur.

Ihnen, Herr Staatspräsident, sind wir besonders dankbar, dass Sie an diesem Tag zu uns sprechen werden.

Meine Damen und Herren, Feliks Tych hat den Holocaust überlebt. Er überlebte dank falscher Papiere als angeblich verwaister Neffe einer polnischen Lehrerin. Seine Eltern und seine Geschwister wurden ermordet. In seiner Person treffen sich die Dimensionen von persönlichem Schicksal und akademisch-distanzierter Analyse, weil Herr Tych Opfer, Zeitzeuge und Historiker zugleich ist.

Professor Tych hat in Warschau das Jüdische Historische Institut geleitet und zu einem eindrucksvollen archivalischen und musealen Zentrum entwickelt, mit der Aufarbeitung der Bestände des Untergrundarchivs des Warschauer Gettos. Er hat das erste polnische Schulbuch über den Holocaust im besetzten Polen redigiert. Intensiv hat er sich mit der Frage befasst, welche Folgen der Holocaust für die

Gesellschaften Polens und anderer mittel- und osteuropäischer Staaten hatte und bis heute hat. "Der lange Schatten des Holocaust", so lautet der Titel eines seiner Bücher.

Vor allem ist Professor Tych auch der Frage nachgegangen, was es für das polnische Volk bedeutet, gezwungenermaßen zu unmittelbarer Zeugenschaft eines Völkermordes zu werden. Ich darf ihn zitieren:

Wem [in Deutschland] sehr daran lag, nicht zu wissen, zu welchem Zweck oder mit welchem Ziel die Juden aus Deutschland, Österreich, Holland, Belgien oder Frankreich nach Osten abtransportiert wurden, musste es nicht wissen oder konnte vorgeben, nichts zu wissen. Diese Tatsache war - wie wir alle sehr wohl wissen - von beträchtlichem Einfluss auf die Erinnerungen aus der Kriegszeit. Doch in Polen, im Baltikum, in der Ukraine oder in Weißrussland war es unmöglich, nichts zu wissen; selbst vortäuschen konnte man sich nichts.

Dies hat die Bevölkerung in den besetzten Staaten - ich zitiere weiter Professor Tych -am stärksten den moralischen Folgen des Holocaust ausgesetzt. In diesem Sinne gehören die Polen ... unbewusst zu den moralischen Opfern des Holocaust, während die Juden seine physischen Opfer waren. Ende eines bemerkenswerten Zitats.

Auch in den deutsch-polnischen Beziehungen sind der Holocaust, die Verbrechen des nationalsozialistischen Regimes auf immer Teil der Geschichte, vor der wir die Augen nicht verschließen. Für Ihre erhellenden, klugen Analysen danken wir Ihnen, sehr geehrter Herr Professor Tych, und besonders für Ihre Bereitschaft, heute zu uns zu sprechen.

Meine Damen und Herren, Holocaust und Massenmord waren keine Naturkatastrophe; auch keine höhere Macht ist dafür verantwortlich zu machen. Daran müssen wir uns stets erinnern und Wege finden, diese Verbrechen der nachwachsenden Generation zu erklären. Erfreulicherweise gibt es heute unter jungen Leuten ein großes Interesse daran. Junge Leute wollen wissen, was geschehen ist und warum es geschehen konnte. Auch in diesem Jahr hat der Deutsche Bundestag deshalb wieder rund 80 junge Leute zu einer Jugendbegegnung eingeladen. Sie alle begrüße ich herzlich und mit besonderem Respekt - stellvertretend für alle Ehrengäste dieser Veranstaltung - Maria Blitz, die mit ihren Söhnen Leo und Andrew sowie dem Enkel Brian mit jetzt beinahe 92 Jahren zum ersten Mal in ihrem Leben nach Berlin gekommen ist.

Maria Blitz überlebte das Krakauer Getto, die Konzentrationslager sowie das Arbeitslager. Schließlich konnte sie dem Todesmarsch von Königsberg zur Samländischen Ostseeküste und so dem Massaker von Palmnicken Anfang 1945 entfliehen. Seit 1949 lebt sie in den USA.

Je weiter der Holocaust in die Vergangenheit rückt, je weniger Zeitzeugen unter uns leben, je mehr Menschen in unserer Gesellschaft leben, die anderer Herkunft sind, andere kulturelle Wurzeln und eine andere Sozialisation haben, desto wichtiger wird es, das Bewusstsein für die besondere geschichtliche Verantwortung Deutschlands wachzuhalten. Dazu gehören der Erhalt und die Pflege authentischer Orte, Orte, an denen wir dem Leid der Opfer nachspüren können, genauso wie Orte, an denen sich die Verbrechen der Täter dokumentieren lassen. Ein solcher Ort wird die Dokumentationsstätte "Topographie des Terrors" sein. Hier werden nationalsozialistischen Verbrechen konkrete Adressen und Personen zugeordnet, hier wird die europäische Dimension der nationalsozialistischen Schreckensherrschaft sichtbar, hier wird erfahrbar, von wo aus und von wem die Befehle zu millionenfachem Mord ausgingen; darunter auch der Befehl, Auschwitz zu errichten, Anfang 1940, vor genau 70 Jahren.

Meine Damen und Herren, es ist erst 70 Jahre her, und daran wollen wir auch und gerade 20 Jahre nach Wiederherstellung der Einheit unseres Landes erinnern.

Rede des Präsidenten des Staates Israel Shimon Peres im Deutschen Bundestag am 27. Januar 2010

- ES GILT DAS GESPROCHENE WORT -

Ich stehe heute vor Ihnen als Präsident des Staates Israel, der Heimstätte des jüdischen Volkes.

Und während es mein Herz zerreißt, wenn ich an die Gräueltaten der Vergangenheit denke, blicken meine Augen in die gemeinsame Zukunft einer Welt von jungen Menschen, in der es keinen Platz für Hass gibt. Eine Welt, in der die Worte "Krieg" und "Antisemitismus" nicht mehr existieren.

Sehr verehrte Anwesende,

in unserer Jahrtausende alten jüdischen Tradition findet sich ein Gebet in der aramäischen Sprache, dass in Erinnerung an die Toten gesagt wird, im Andenken an Väter und Mütter, Söhne und Töchter, Brüder und Schwestern.

Dieses weit über tausend Jahre alte jüdische Gebet konnten weder die Mütter sprechen, deren Säuglinge ihrer Armen entrissen wurden, noch die Väter, die ihren Kindern einen letzten Blick zuwarfen, bevor sie in die Gaskammern gepfercht wurden, noch hörten es die Kinder, die im Krematorium in Rauch aufgingen.

Ich möchte, meine Damen und Herren, jetzt und hier die ersten Worte dieses Kaddisch-Gebets im Namen des jüdischen Volkes, und zu Ehren und im Andenken an die sechs Millionen Juden, die zu Asche wurden, zu rezitieren:

"Erhoben und geheiligt werde Sein großer Name in der Welt,
die Er nach Seinem Willen erschaffen,
und Sein Reich erstehe in eurem Leben und in euren Tagen,
und dem Leben des ganzen Hauses Israel, schnell und in naher Zeit.
Sprechet: Amen"

Das Gebet endet mit den folgenden Worten, die im Staat Israel zum Symbol geworden sind und zu einem Traum für das jüdische Volk schlechthin wurden:
"Der der Frieden in seinen Himmelshöhen stiftet, stifte Frieden unter uns und ganz Israel. Sprechet: Amen"

Meine Freunde, Gesandte des deutschen Volkes und dessen Vertreter,
im Staat Israel und überall auf der Welt weilen immer weniger Überlebende der Shoa unter uns. Ihre Zahl nimmt täglich ab.
Und gleichzeitig leben auf deutschem Boden, in Europa und anderswo auf der Welt noch immer Menschen, die damals dieses schrecklichste Ziel verfolgten - den Völkermord. Ich bitte Sie: tun Sie alles, um diesen Verbrechern ihre gerechte Strafe zu erteilen.
In unseren Augen handelt es sich nicht um Rache. Es geht um Erziehung. Es sollte eine Stunde der Gnade für die jüngeren Generation sein. Die Jugend muss sich erinnern, darf nicht vergessen und muss wissen, was geschehen ist. Sie darf niemals, wirklich niemals, an etwas anderes glauben, sich andere Ziele setzen als Frieden, Versöhnung und Liebe.
Heute begehen wir den internationalen Gedenktag für die Opfer der Shoa. Genau heute vor 65 Jahren schien nach sechs Jahren Dunkelheit zum ersten Mal die Sonne. Die ersten Sonnenstrahlen legten das Ausmaß der Zerstörung, die mein Volk erlitten hatte, für alle bloß.
An diesem Tag stieg der Rauch noch aus den Krematorien auf, und Blut und Asche bedeckten das Lager Auschwitz-Birkenau. Jetzt war es still auf dem Bahnsteig. Die "Selektionsrampe" war menschenleer. Im Tal des grauenhaften Mordes breitete sich trügerische Ruhe aus. Das Ohr nahm nur die Stille wahr, doch aus den Tiefen der vereisten Erde

wurde ein Schrei hörbar, der das menschliche Herz zerriss und bis zum gleichgültig schweigenden Himmel aufstieg.

Der 27. Januar 1945 kam zu spät. Sechs Millionen Juden waren bereits nicht mehr unter den Lebenden. Dieser Tag symbolisiert nicht nur die Erinnerung an die Ermordeten, nicht nur das Schuldgefühl der Menschheit im Angesicht dieser nicht fassbaren Schreckenstaten, sondern auch die Tragödie des Versäumnisses.

Dies ist unsere Lehre aus einer Zeit, als die in Flammen lodernde Welt derartig abgelenkt war, dass die Mordmaschine tagein-tagaus weiterarbeiten konnte, jahrein-jahraus, ungestört.

Drei Jahre zuvor, am 20. Januar 1942, kam unweit von hier in der "Villa am Wannsee", am Ufer dieses schönen Sees, eine Gruppe hochrangiger Offiziere und Beamte unter Reinhard Heydrich zusammen, um die "Endlösung der Judenfrage" zu planen und in die Tat umzusetzen.

Adolf Eichmann arbeitete fleißig an einem Dokument zur Erfassung der Zielbevölkerung, die zur Vertreibung und Ausrottung bestimmt war. Dazu zählte die gesamte Judenheit Europas. Von den drei Millionen polnischen, ukrainischen und sowjetischen Juden, bis zu den 200, die im kleinen Albanien lebten. Elf Millionen Juden wurden zum Tode verurteilt. Die Nazis arbeiteten effizient, und der Weg führte von der "Villa am Wannsee" direkt in die Gaskammern und Krematorien von Auschwitz.

Ich stehe heute, an diesem Gedenktag, vor Ihnen, verehrte Zuhörer, vor Führungspersönlichkeiten und Vertretern eines anderen, demokratischen Deutschlands - als Vertreter des jüdischen Staates, des Staates der Überlebenden, des Staates Israel. Mir sind die Tragweite und die erschütternde Bedeutung dieser Sitzung bewusst, und ich hoffe und bin sicher, Ihnen geht es ebenso.

Vor meinem geistigen Auge steht die prächtige Gestalt meines von mir so bewunderten Großvaters, Rabbi Zwi Meltzer, ein würdiger und schöner Mann, dessen Lieblingsenkel ich war. Er war mein Lehrer und Erzieher.

Er lehrte mich die Thora. Ich sehe ihn noch vor mir mit seinem weißen Bart und seinen dunklen Augenbrauen, eingehüllt in den Gebetsmantel, inmitten aller Betenden in der Synagoge, in meinem Geburtsstädtchen Wiszniewo in Weißrussland.

Ich hüllte mich damals ebenfalls in den Gebetsmantel meines Großvaters und lauschte aufgeregt seiner schönen klaren Stimme. Noch heute klingt das Echo seiner Stimme in meinem Ohr, das "Kol Nidrei" Gebet am Versöhnungstag, in den Stunden und Momenten, wo nach dem jüdischen Glauben das Schicksal jedes Einzelnen vom Allerheiligsten festgelegt wird, ob ihn der Tod oder das Leben erwartet.

Ich erinnere mich, wie er am Bahnsteig stand, von wo aus der Zug mich, den elfjährigen Jungen, von unserem Dorf ins Heilige Land Israel bringen sollte. Ich erinnere mich an seine überschwängliche Umarmung. Und ich erinnere mich an seine letzten Worte, die mir befahlen: "Mein Junge, bleib immer ein Jude!"

Die Lokomotive pfiff und die Bahn fuhr los. Ich blickte meinem Großvater durchs Fenster nach, bis seine Gestalt verschwand.

Es war das letzte Mal, dass ich ihn sah.

Als die Nazis in Wiszniewo einmarschierten, befahlen sie allen Juden, sich in der Synagoge zu versammeln. Mein Großvater ging als erster hinein, eingehüllt in denselben Gebetsmantel, in den ich mich als Kind schon eingewickelt hatte. Seine Familie folgte ihm. Die Türen wurden von draußen verriegelt, und das Holzgebäude wurde angezündet. Von der gesamten Gemeinde blieben nur glühende Asche und Rauch.

Keiner hat überlebt.

Meine verehrten Anwesenden,

die Shoa wirft schwierige Fragen zur tiefsten Seele des Menschen auf. Wie böse kann der Mensch sein? Wie gelähmt ein ganzes Volk? Ein kulturelles Volk, das auch die Philosophie respektierte?

Zu welchen Gräueltaten ist der Mensch fähig? Wie kann er seinen moralischen Kompass abstellen? Die Logik lähmen? Wie kann ein Volk sich als "Herrenrasse" betrachten, und den Mitmenschen als null und nichtig?

Noch heute stellt sich die Frage, weshalb die Nazis in der Existenz der Juden eine solche Gefahr und Bedrohung sahen. Was brachte sie dazu, in diese Todesindustrie derart viel zu investieren? Wieso setzten die Nazis ihren Plan bis zum bitteren Ende fort, obwohl die Niederlage sich schon längst am Horizont abzeichnete? Waren die Juden eine Bedrohung für das "Tausendjährige Reich"? Konnte ein verfolgtes Volk, von den Stiefeln der Täter zertrampelt, die mörderische Kriegsmaschine

der Nazis aufhalten? Wie viele Divisionen standen den Juden Europas
zur Verfügung? Wie viele Panzerwagen, Kampfflugzeuge, wie viele
Gewehre?

Meine Damen und Herren,
    der Hass der Nazis lässt sich durch reinen "Antisemitismus" nicht
erklären. Der Antisemitismus ist ein abgedroschener Begriff und keine
Erklärung für die mörderische, bestialische Begeisterung, die zwanghafte
Entschlossenheit des Nazi-Regimes, die Judenheit auszurotten.
    Der eigentliche Zweck des Krieges war doch die Erlangung der
Macht über Europa und nicht die Begleichung einer historischen
Rechnung mit den Juden.
    Und wenn wir Juden in den Augen des Hitler-Regimes eine so
bedrohliche Gefahr waren, dann handelte es sich doch bestimmt um
keine militärische, sondern eine moralische Bedrohung. Dabei wurde
auch der Glaube geleugnet, dass jeder Mensch im Antlitz Gottes
erschaffen ist; dass jeder Mensch vor Gott gleich ist, dass alle Menschen
ebenbürtig sind.
    Selbst unbewaffnet wird ein Jude für die Heiligkeit des göttlichen
Namens einstehen. Seit Anbeginn seiner Existenz ist das jüdische Volk
den Geboten: "Morde nicht!", "Liebe deinen Nächsten wie dich selbst!"
und "Suche den Frieden und jage ihm nach!" verpflichtet. - Unter allen
Umständen und überall.
    Den gutgläubigen Juden, der an diese Gebote glaubt, sehe ich
jetzt vor mir in Gestalt meines gütigen Großvaters, des wertvollsten
und ehrlichsten Menschen, den es je gab. Die Nazis wollten ihn
entmenschlichen. Sie verbrannten ihn und seine Brüder lebendig. Das
Feuer vertilgte ihren Körper, doch nicht ihren Geist.
    Die Nazis versuchten, uns Juden in ihren schrecklichen
Propagandafilmen und im "Stürmer" als Parasiten, Höhlenratten und
Verbreiter von Krankheiten darzustellen. Sie hatten sich zum Ziel
gesetzt, die Werte von Gerechtigkeit und Gnade zu vergessen und sie
in Vergessenheit geraten zu lassen.
    Als Jude trage ich für immer den Stempel des Schmerzes über den
Mord an meinen Brüdern und Schwestern. Als Israeli beweine ich die
tragische Verzögerung der Entstehung des Staates Israel, weswegen
mein Volk ohne Zufluchtsstätte blieb.

Als Großvater kann ich den Verlust von 1,5 Millionen Kindern nicht verschmerzen - das ungeheure menschliche Potenzial, ohne dessen Verlust das Schicksal Israels anders ausgesehen hätte.

Ich bin stolz darauf, dass wir der Erzfeind der Nazi-Verbrechen sind. Ich bin stolz auf das Erbe unserer Väter - das Gegenteil jeder Rassenlehre. Ich bin stolz auf die Gründung des Staates Israel, die moralische und historische Antwort auf den Versuch, das jüdische Volk von der Erde zu tilgen.

Ich danke dem Allerheiligsten für diejenigen Völker, die diesem Wahnsinn, dem Bösen und der Grausamkeit ein Ende setzten.

Die Shoa muss dem menschlichen Gewissen stets als ewiges Warnzeichen vor Augen stehen; als Verpflichtung zur Heiligkeit des Lebens, zur Gleichberechtigung aller Menschen, zu Freiheit und Frieden. Die Ermordung der Juden Europas durch Nazi-Deutschland darf nicht als ein astronomisches "schwarzes Loch" betrachtet werden, als ein Todesstern, der das Licht schluckt und die Vergangenheit gemeinsam mit der Zukunft verschlingt.

Die Shoa darf uns aber auch nicht davon abhalten, an das Gute zu glauben. An die Hoffnung, an das Leben.

Heute, am internationalen Gedenktag für die Opfer der Shoa, frage ich mich, wie die Juden Europas in unserem Gedächtnis hätten verbleiben wollen. Nur durch den Rauch der Krematorien? Sollten wir uns nicht auch das Leben vor der Shoa in Erinnerung rufen?

Würden die Millionen Juden Europas über eine kollektive Stimme verfügen, würde diese Stimme uns und Sie alle auffordern, den Blick auf die Zukunft zu richten. Zu verwirklichen, was diese Opfer hätten tun können, wenn ihnen nicht die Gelegenheit dazu genommen worden wäre. Neu zu erschaffen, was wir durch ihren Tod verloren haben.

Nehmen wir als Beispiel den Schöpfungsgeist der deutschen Juden, die sich mit ihrem Heimatland identifizierten, und deren Beitrag zur Kultur, Wissenschaft, Wirtschaft und für Deutschland überhaupt so bedeutungsvoll war, dass er in keinem Verhältnis zur tatsächlichen Größe der jüdischen Gemeinde stand.

Die Juden Europas haben die Wissenschaft, Technologie, Wirtschaft, Literatur und Kunst dieses Kontinents ungemein bereichert, da sie nach der Vertreibung aus verschiedenen europäischen Ländern zu einem belesenen Nomadenvolk von Handwerkern und mehrsprachigen Kaufleuten wurden. Ein Volk von Ärzten,

Schriftstellern, Wissenschaftlern und Künstlern. Ein Volk, das mit
Persönlichkeiten gesegnet war, welche die deutsche Kultur, und die Welt
im Allgemeinen, bereicherten.

Ich bin überwältigt, wenn ich an die vielen Philosophen und
Erfinder denke, die aus den jüdischen Dörfern, den jüdischen Ghettos
und dem jüdischen Bürgertum in die Universitäten strömten, sobald
ihnen der Zugang gewährt wurde.

Wie durch ein Wunder erschienen Albert Einstein, Sigmund Freud,
Martin Buber, Karl Marx, Hermann Cohen, Hannah Arendt, Heinrich
Heine und Moses Mendelssohn, Rosa Luxemburg, Walther Rathenau,
Stefan Zweig und Walter Benjamin.

Trotz ihrer Verschiedenheit ist allen der nicht zu unterschätzende
Beitrag zum menschlichen Gedankengut gemein, sowie ihr
außergewöhnlicher Einfluss auf die Moderne. Sie richteten den Blick
Deutschlands, Europas, ja, der gesamten Welt auf eine neue Zukunft.

Und nun zur bedeutendsten aller Lehren: "Nie wieder". Nie wieder
eine Rassenlehre. Nie wieder ein Gefühl von Überlegenheit. Nie wieder
eine scheinbar gottgegebene Berechtigung zur Hetze, zum Totschlag,
zur Erhebung über das Recht. Nie wieder zur Verleugnung Gottes und
der Shoa.

Nie wieder dürfen blutrünstige Diktatoren ignoriert werden, die
sich hinter demagogischen Masken verbergen und mörderische Parolen
von sich geben.

Meine Freunde, Vertreter des deutschen Volkes,

die Drohungen, unser Volk und unseren Staat zu zerstören, werden
im Schatten von Massenvernichtungswaffen ausgestoßen, die im Besitz
irrationaler Menschen sind, die nicht zurechnungsfähig sind und die
nicht die Wahrheit sprechen.

Um eine zweite Shoa zu verhindern, ist es an uns, unsere Kinder zu
lehren, Menschenleben zu achten und Frieden mit anderen Ländern zu
wahren. Die junge Generation muss lernen, jede einzelne Kultur, und
die universellen Werte zu respektieren. Die Zehn Gebote müssen immer
wieder neu gedruckt werden.

Lasst uns Licht ins Dunkel bringen; lasst uns Teleskope und
Mikroskope auf die Geheimnisse der Wissenschaft richten, die
dem menschlichen Körper und Geist Heilung bringen können. Wir

benötigen Nahrung für die Hungrigen, Wasser für die Durstigen, Luft zum Atmen und Weisheit für die Menschheit.

Mit dem Ende des Britischen Mandats rief David Ben-Gurion, der Wegbereiter der sich erneuernden Nation, den Staat Israel aus. Die Araber wiesen die UNO-Resolution zurück und ihre Armeen griffen Israel an. Und so griffen sieben arabische Heere Israel nur wenige Stunden nach seiner Unabhängigkeitserklärung an, um den noch kaum entstandenen Staat sofort wieder zu zerstören.

Wir standen ihnen alleine gegenüber. Wir hatten keine Verbündeten, und waren trotz allem die letzte Hoffnung des jüdischen Volkes auf Sicherheit. Hätten wir den Krieg verloren, wäre dies vielleicht das Ende unseres Volkes gewesen.

Die israelische Armee siegte in diesem aussichtslosen Kampf, in dem historische Gerechtigkeit und menschlicher Mut sich vereinten. In den Reihen der israelischen Streitkräfte kämpften bereits in diesem Krieg Überlebende der Shoa, die erst kurz zuvor die sichere Küste Israels erreicht hatten und sich schon während der Schlachten den anderen Soldaten anschlossen. Einige fielen an der Front.

Während Israel noch die Kriegswunden leckte, begann das kleine Land bereits, als erste Priorität, seine Tore den Überlebenden der Shoa und den vielen jüdischen Flüchtlinge aus arabischen Ländern zu öffnen. Alle anderen Tore blieben für sie verschlossen.

Meine sehr verehrten Anwesenden,

wir erinnern uns noch gut, wie uns damals, als unsere Wunden noch bluteten, von unerwarteter Seite Hilfe angeboten wurde - nämlich vom neuen Deutschland.

Zwei historische Persönlichkeiten reichten sich über dem Abgrund die Hand:

Kanzler Konrad Adenauer, der Vater der demokratischen Bundesrepublik, und David Ben-Gurion, Gründer und erster Ministerpräsident des Staates Israel.

Am 27. September 1951 hielt Kanzler Adenauer eine Rede im Bundestag. Er sprach von der Verantwortung des deutschen Volkes für die Verbrechen des Dritten Reiches, seine Verantwortung dem jüdischen Volk gegenüber, und über die Bereitschaft seiner Regierung, die Juden für den Raub ihres Besitzes zu entschädigen und dem jungen Staat beim Aufbau unter die Arme zu greifen.

Der Entschluss der israelischen Regierung, mit der deutschen
Regierung direkt zu verhandeln, führte zu einer noch nie dagewesenen
Protestwelle unter den Juden in der Welt. Überlebende mit
eintätowierten Todesnummern der Vernichtungslager bewarfen das
israelische Parlament mit Steinen, aber es gab auch solche, die Ben-
Gurion unterstützten.

Doch Ben-Gurion bestand auf seinem Entschluss: Es gibt ein
anderes Deutschland, mit dem wir über die Zukunft, und nicht nur
über die Vergangenheit reden müssen. Schweren Herzens stimmte
die Knesset zu. Die Reparationen aus Deutschland halfen Israel aus
seiner Notlage und leisteten einen wesentlichen Beitrag zur schnellen
Entwicklung des Landes.

Ich hatte damals, als junger Mann, die Ehre, Ben-Gurions Assistent
und später im Verteidigungsministerium sein Stellvertreter zu werden.
Ich lernte, dass das sich im Aufbau befindende Israel seine Kinder
beschützen muss.

Auch in diesem Fall zeigten die Deutschen Verständnis für uns
und belieferten uns mit Ausrüstung zu unserer Verteidigung. Zwischen
Deutschland und Israel hat sich seither eine einzigartige Freundschaft
entwickelt.

Diese Freundschaft führt aber nicht dazu, dass wir die Shoa
vergessen, sondern wir sind uns der Finsternis, die im Todestal der
Vergangenheit herrschte, bewusst; auch im Angesicht der gemeinsamen,
klaren Entscheidung, unseren Blick nach vorne zu richten - zum
Horizont der Hoffnung und in eine bessere Welt.

Die Brücke über dem Abgrund wurde mit schmerzenden Händen
und Schultern, die dem Gewicht der Erinnerung kaum standhielten,
aufgebaut und sie steht auf starken, moralischen Grundfesten.

Unseren ermordeten Brüdern und Schwestern haben wir ein
lebendiges Mahnmal errichtet: Mit den Pflügen, die eine Wüste in
fruchtbare Plantagen umwandeln. Mit Labors, die neues Leben
entdecken. Mit Waffen, die unsere Existenz sichern. Und mit einer
kompromisslosen Demokratie.

Wir waren und sind der Überzeugung, dass das neue Deutschland
alles in seiner Macht Stehende tun wird, damit der jüdische Staat sich
nie mehr alleine einer Gefahr ausgesetzt sehen muss. Mörderische und
überhebliche Diktaturen sollen ihr böses Haupt nicht wieder erheben
dürfen.

Ich danke Ihnen.

Von Konrad Adenauer, der mit David Ben-Gurion eine gemeinsame Sprache fand, bis zum Kniefall Willy Brandts im Andenken an die Helden des Warschauer Ghettos. Und Sie, Abgeordnete des Bundestages und des Bundesrates, von Helmut Schmidt bis Helmut Kohl, und andere Führungspersönlichkeiten, Sie haben die Grundmauern gefestigt und dem Bau noch weitere Steine der Freundschaft hinzugefügt.

Gesellschaftspolitische Institutionen, Wirtschaftsorganisationen, Kulturzentren, Intellektuelle, Entscheidungsträger und Praktiker - sie alle haben dieses außergewöhnliche Freundschaftsgewebe bereichert.

Danke und nochmals vielen Dank.

Sie, Herr Bundespräsident Horst Köhler, sagten in der Knesset in Jerusalem "Die Verantwortung für die Shoa ist Teil der deutschen Identität". Wir rechnen Ihnen das hoch an.

Und Sie, Frau Bundeskanzlerin Angela Merkel, haben die Herzen unseres Volkes mit Ihrer Aufrichtigkeit und Wärme erobert. Sie erklärten vor den beiden Kammern des US-amerikanischen Kongresses: "Ein Angriff auf Israel kommt einem Angriff auf Deutschland gleich". Diese bewegenden Worte unverbrüchlicher Unterstützung werden wir niemals vergessen.

Meine sehr verehrten Anwesenden, meine Damen und Herren,

beinahe 62 Jahre sind seit der Gründung des Staates Israel vergangen. Wir haben die Prüfung von neun Kriegen überstanden. Wir haben Friedensabkommen mit Ägypten und Jordanien geschlossen.

Den Ländern, mit denen wir in Frieden leben, haben wir alle Gebiete, die uns während der Kriege in die Hände fielen, zurückgegeben. Jetzt sind wir ein kleines Land mit wenigen Rohstoffen. Unsere Erde ist sehr störrisch. Und dennoch ist uns die Entwicklung einer Landwirtschaft gelungen, die zu den weltbesten zählt. Statt der Rohstoffe haben wir technologisches und wissenschaftliches Know-How, das uns an die Spitze der wissenschaftlichen Forschung katapultiert hat und die Größe unseres Landes kompensiert.

Unser Volk kam aus allen Ecken der Diaspora. Heute befindet sich die Mehrheit der Juden in Israel. Wir sind zu unserer Sprache zurückgekehrt. Wir sind das einzige Land in unserer Region, dessen Kinder sich in derselben antiken Sprache wie ihre Vorfahren vor über 3000 Jahren unterhalten - in Hebräisch, der Sprache des Alten Testaments.

Die jüdische Geschichte verläuft weiterhin auf zwei parallelen Achsen:

Auf der einen Seite die ethische, die bereits in den Zehn Geboten festgehalten ist, diesem Dokument, das vor ungefähr 3500 Jahren niedergeschrieben wurde und seither nicht mehr redigiert werden musste. Es gehört zum Fundament der westlichen Kultur.

Und andererseits die wissenschaftliche Achse, deren Ziel die Ergründung der Geheimnisse ist, die dem menschlichen Auge bisher verborgen blieben, und die unser Leben zu ändern vermögen.

Israel ist ein jüdischer und demokratischer Staat, in dem rund 1,5 Millionen gleichberechtigte arabische Bürger leben. Wir werden es nicht zulassen, dass jemand wegen seiner Nationalität oder Religion diskriminiert wird.

Wir haben die Weltwirtschaftskrise überwunden und befinden uns wieder im Wachstum. Unsere Kultur ist gleichermaßen modern wie traditionell. Die israelische Demokratie ist lebendig. Bei uns gibt es keine Flauten, und selbst in Kriegszeiten bleibt diese Demokratie bestehen.

Unsere Siege haben jedoch den Gefahren kein Ende gesetzt. Es gelüstet uns nicht nach Gebieten, die uns nicht gehören. Und wir hegen auch kein Interesse, ein anderes Volk zu beherrschen, dürfen aber unsere Augen trotz allem nicht verschließen. Unser nationales Begehren ist klar und eindeutig: Frieden mit unseren Nachbarn zu erreichen.

Meine Damen und Herren,

Sie wissen, dass Israel dem Grundsatz "zwei Staaten für zwei Völker" zustimmt. Wir haben im Krieg einen Preis bezahlt, und zögerten nicht, auch für den Frieden einen Preis zu zahlen.

Auch jetzt sind wir bereit, auf Gebiete zu verzichten, um mit den Palästinensern Frieden zu schließen. Sie sollen einen eigenen Staat errichten, einen unabhängigen, gedeihenden und friedliebenden Staat.

Ebenso wie unsere Nachbarn identifizieren auch wir uns mit den Millionen Iranern, die gegen die Diktatur und Gewalt rebellieren. Genau wie sie lehnen wir ein fanatisches Regime ab, das die Charta der Vereinten Nationen missachtet. Ein Regime, das mit Zerstörung droht und Atomkraftwerke und Nuklearraketen besitzt, mit denen es sein eigenes Land wie auch andere Länder terrorisiert. Ein solches Regime ist eine Gefahr für die ganze Welt.

Wir möchten von der Europäischen Gemeinschaft lernen. Sie, die den Kontinent von tausend Jahren Krieg und Not befreit und jungen Menschen ermöglicht hat, den Hass ihrer Vorväter gegen Solidarität unter den Jungen einzutauschen. Wir können viel aus Ihrer Erfahrung lernen, und möchten von einem Nahen Osten träumen, in dem alle Länder bereit sind, den Konflikt ihrer Eltern gegen den Frieden für ihre Nachkommen einzutauschen.

Wir möchten eine regionale moderne Wirtschaft aufbauen, um aktuellen Problemen, die uns allen gemeinsam sind, zu begegnen: Hunger, Verwüstung, Krankheit, Terror. Eine Zusammenarbeit bei wissenschaftlichen Projekten würde die Lebensqualität und den Lebensstandard aller verbessern.

Der uns allen gemeinsame Gott ist der Gott des Friedens. Nicht der Gott des Krieges.

Sehr verehrte Anwesende,

ich stehe heute vor Ihnen im Glauben, dass es in Ihrer und auch unserer Macht steht, den Lauf der Geschichte zu ändern. Ich glaube daran, dass der Frieden in Reichweite ist. Drohungen gegen Israel werden uns nicht von diesem Weg abbringen.

Ich stehe heute vor Ihnen als Sohn eines Volkes, das bereit ist, alles Menschenmögliche zu tun, um eine bessere Welt zu schaffen, in welcher der Mensch dem Menschen ein Mensch ist.

Der internationale Gedenktag für die Opfer der Shoa ist ein Tag der Andacht und des In-Sich-Gehens. Eine Stunde der Erziehung und der Hoffnung.

Ich habe mit dem Kaddisch-Gebet begonnen, und möchte mit unserer Nationalhymne, der "Hatikwa" - der Hoffnung - schließen:

"Solange ist unsere Hoffnung nicht verloren,
die Hoffnung, 2000 Jahre alt,
zu sein ein freies Volk in unserem Land,
im Lande Zion und Jerusalem!"

Wir wagen den Traum, und ich bin überzeugt, Sie wagen ihn mit uns: Gemeinsam werden wir diesen Traum auch verwir

Rede von Prof. Dr. Feliks Tych im Deutschen Bundestag am 27. Januar 2010

- ES GILT DAS GESPROCHENE WORT -

Herr Bundestagspräsident, Herr Staatspräsident Peres, Exzellenzen, meine Damen und Herren,

Ich bedanke mich für die Einladung und die Möglichkeit, in der heutigen Gedenkstunde zu Ihnen sprechen zu dürfen. Es ist eine große Ehre und für jemand, der überlebt hat, ist es eine besondere Genugtuung.

Als Deutschland den Krieg begann, war ich zehn. Am 1. September 1939 sollte mein fünftes Schuljahr beginnen. Doch bis zum Ende der deutschen Besatzungszeit ging ich nicht mehr zur Schule. Das Dritte Reich hatte mit jüdischen Kindern anderes vor.

Wir wohnten damals in Radomsko, einer kleinen Industriestadt, 60 km vor der deutschen Grenze. Mein Vater, ein technischer Autodidakt, besaß eine kleine Fabrik für Baubeschläge. Von den 28.000 Einwohnern der Stadt war ein Drittel jüdisch. Heute wohnt dort kein einziger Jude mehr.

Am dritten Kriegstag rückte die Wehrmacht ein. Als erstes plünderten Mannschaften wie Offiziere jüdische Läden. Gestapo- und SS-Männer nahmen Juden auf der Straße fest oder holten sie aus den Häusern, um sie zu schikanieren. Sie hatten nichts dagegen, dass polnische Passanten ihnen dabei zusahen. Vermutlich lag ihnen sogar an diesen Zuschauern.

Am 20. Dezember musste die jüdische Bevölkerung ohne
Vorankündigung der deutschen Behörden sofort in einen kleinen Teil
der Stadt umziehen, der seitdem bei der Bevölkerung Getto hieß. Es
hatte weder Zäune noch Mauern, nur deutsche oder polnische Polizisten
standen an der Gettogrenze. Auf Schildern wurde davor gewarnt, es
unerlaubt zu betreten oder zu verlassen.

Wir hatten unsere Wohnung innerhalb weniger Stunden zu räumen.
Meine Eltern, drei meiner Geschwister und ich mussten fortan in einer
Dachkammer auf knapp 12 Quadratmetern hausen.

Fast alle Gettobewohner lebten im Elend. Männer zwischen 16
und 55 Jahren hatten Sklavenarbeit zu leisten, welche die deutschen
Behörden für sie erfanden. Im Sommer 1940 starben während einer
Typhusepidemie Hunderte von Menschen.

Meinem rational denkenden Vater kam gar nicht in den Sinn, dass
wachsender Terror und zunehmende Schikanen schließlich mit der
Vernichtung der Juden enden könnten. Dies schien ihm unvorstellbar,
weil gänzlich irrational und im Widerspruch zu Deutschlands Interessen,
das doch Krieg führte und Arbeitskräfte brauchte. Er erinnerte sich
noch an die weit weniger brutale deutsche Besatzung im 1.Weltkrieg. So
habe ich ihn oft sagen hören: "Hitler hin, Hitler her, aber die Deutschen
sind kein Volk von Mördern!" Was er in den letzten Minuten seines
Lebens in Treblinka dachte, werde ich niemals erfahren,

Anfang September 1942 gingen im Radomsker Getto Gerüchte
um, dass eine große Aktion bevorstände. Wie die meisten, dachten
auch meine Eltern dabei an eine Art Pogrom oder große Menschenjagd,
um Arbeitslager aufzufüllen. Sie beschlossen daher, mich, den
Jüngsten, besser zu meiner 15 Jahre älteren Schwester zu schicken,
die in Warschau lebte. Sie hatte noch im Juli 1942, vor der großen
Deportation, mit Mann und zweijährigem Sohn aus dem Getto auf
die sog. arische Seite flüchten können. Polnische Arbeitskollegen
meines Schwagers - er war Architekt - hatten für alle drei so genannte
arische Papiere, eine Unterkunft und für ihn auch eine Arbeit in ihrem
Architektenbüro besorgt. Bei ihnen sollte ich die geheimnisvolle Aktion
abwarten und wenn sich alles beruhigt hätte, wieder zurückkommen.
Ende September musste ich mich heimlich aus dem Getto zu einem
polnischen Arbeiter stehlen, der früher in der Fabrik meines Vaters
gearbeitet hatte. Er brachte mich noch am selben Tag mit dem Zug
nach Warschau. Als ich mich von meinen Eltern verabschiedete, dachte

ich keinen Moment daran, dass ich sie zum letzten Mal sehen könnte.
In Warschau fand mein Schwager über eine Arbeitskollegin eine Frau
die mich aufnehmen wollte - trotz der Todesstrafe, die im besetzten
Polen ihr samt ihrer Familie drohte, wenn sie einem Juden half. Sie hieß
Wanda Koszutska und hatte selbst zwei kleine Kinder. Vor dem Krieg
war sie Gymnasiallehrerin und nun arbeitete sie als Küchenhilfe in einer
polnischen Betriebskantine. Bevor sie endgültig zusagte, wollte sie mich
sehen. Ich erinnere mich an die ersten Worte, die ich von ihr hörte: "Ja,
er sieht doch gut aus." "Gut aussehen" hieß damals in meinem Fall,
nicht anders auszusehen als ein durchschnittliches polnisches Kind.
Meine blonden Haare und hellen Augen boten mir und meinen Rettern
größere Überlebenschancen. Wanda konnte mich nicht verstecken und
so musste ich für ihre Nachbarn als ein Familienangehöriger existieren.
Ich wurde ihnen als Sohn ihrer verstorbenen Schwester vorgestellt. Mein
Schwager versah mich mit einer falschen Geburtsurkunde und einem
falschen Schulausweis.

Meine Schwester verschwieg mir bis ans Kriegsende, dass unsere
Eltern nicht mehr lebten. Wenn ich nach ihnen fragte, bekam ich
zur Antwort: "Wir wissen nicht, wohin die Deutschen sie gebracht
haben." Sie wollte mir nicht die Hoffnung nehmen. Erst nach dem
Krieg erfuhr ich, was nach meiner Flucht aus dem Getto passiert war.
Am 9. und 12. Oktober hatte die SS die Gettoinsassen nach Treblinka
deportiert. Das geheimnisvolle Wort Aktion erwies sich als Teil des
Kryptonyms "Aktion Reinhardt", d.h. für den Befehl, alle Juden im
Generalgouvernement zu ermorden.

So starben meine Eltern, mein ältester Bruder, seine Frau und ihr
vierjähriges Kind und meine Schwester mit einem dreijährigen Kind.
Ihr Mann war schon früher als politischer Häftling in Auschwitz
umgekommen; dort starben auch meine älteste Schwester, ihr Mann
und ihre siebenjährige Tochter. Einen anderen erwachsenen Bruder,
der sich in Warschau auf die arische Seite gerettet hatte, erschoss die
Gestapo im Herbst 1943 in den Ruinen des Warschauer Gettos. Ein
polnischer Schulkamerad, dem er auf der Straße begegnet war, hatte
ihn denunziert. Die Niedertracht der einen machte den Heldenmut der
anderen zunichte.

Auch Wanda hütete das Geheimnis vom Tod meiner Nächsten. Sie
kümmerte sich um mein seelisches Gleichgewicht, meine Erziehung
und meine Lektüre - die polnische Untergrundpresse eingeschlossen.

Mit Schulbüchern aus der Vorkriegszeit holte ich selbst oder mit ihrer Hilfe das versäumte Lernpensum nach. Ich verbrachte viel Zeit in der Stadt; denn Wanda meinte zu Recht, das ließe Nachbarn erst gar keinen Verdacht schöpfen. Den Aufstand im Warschauer Getto beobachtete ich mit zusammengebissenen Zähnen von der polnischen Seite der Mauer aus.

Den Krieg überstanden wir hungernd in gemeinsam geteilter Armut. Mehrmals war ich dem Tod nur um Haaresbreite entgangen. Gerettet hatte mich vor allem eine Kette von mutigen Polen wie Wanda, wie Alex, der Arbeiter, der mich aus Radomsko nach Warschau brachte, wie die Kollegen meines Schwagers oder viele andere mehr.

Als Yad Vashem 1963 eine Medaille für all jene stiftete, die Juden während des Holocaust gerettet hatten, konnte ich meine Ziehmutter lange nicht dazu bewegen, die Auszeichnung anzunehmen. Ihrer Ansicht nach hatte sie nur das getan, was jeder anständige Mensch hätte tun sollen.

Erst nach dem Krieg konnte ich - wie alle anderen Überlebenden auch - das wahre Ausmaß der Katastrophe erkennen. Wer überlebt hatte, stand vor der schwierigen Entscheidung, was er mit seinem Leben wo beginnen sollte und auch, ob er in Polen bleiben sollte.

Der klägliche Rest der polnischen Juden, der in deutschen Konzentrationslagern, bei Sklavenarbeit, bei den Partisanen, in Bunkern im Wald, in Verstecken oder mit einer Notidentität überlebt hatte, lenkte größtenteils die ersten Schritte in die Heimat; hauptsächlich, um festzustellen, ob jemand aus der Familie überlebt hatte, mitunter auch in der Hoffnung auf eine Rückkehr ins eigene Haus oder auf die Rückgabe von Hab und Gut, das man notgedrungen bei nicht jüdischen Nachbarn hinterlassen hatte. Im Allgemeinen erfuhren sie, dass niemand von ihren Angehörigen mehr lebte, und selten empfingen ihre alten Nachbarn sie mit offenen Armen. In der Regel waren diese unangenehm überrascht, dass jemand zurückkehrte, und in kleineren Städten oder Dörfern endete das nicht selten mit einem Meuchelmord, um fremdes Eigentum nicht zurückgeben zu müssen.

Die Walze des Holocaust hatte ihre unverkennbaren Spuren hinterlassen. Die moralischen Normen großer Bevölkerungsgruppen waren zusammengebrochen. Besonders sichtbar war dies dort, wo Juden im Beisein der christlichen Ortsbevölkerung erschossen oder deportiert

wurden - was in den Kleinstädten und Dörfern die Regel war. Alle
Polen wussten, dass die SS die Juden in den Tod schickte.

Selbst im deutsch besetzten Polen, wo auch die polnische Bevölkerung
insgesamt gewaltige Verluste an Leib und Leben erlitt, machte sie örtlich
die Jagd auf Juden mit. Im Sommer 1941 fand in einer Region, die
kurz zuvor noch sowjetisch besetzt gewesen war, der erste Massenmord
an polnischen Juden statt. Gestapo und Einsatzgruppen hatten ihn
angeregt, aber ausgeführt hatten ihn polnische Nachbarn der Opfer.
Ich spreche von der Serie blutiger Pogrome in der nordostpolnischen
Kleinstadt Jedwabne und über 30 umliegenden Ortschaften. In Polen
haben etwa 200.000 Menschen unter Einsatz ihres Lebens mindestens
40.000 Juden gerettet. Aber gleichzeitig fanden sich Menschen, die
Juden, welche sich versteckt hatten, denunzierten oder der Polizei
übergaben.

Der Holocaust hat in Teilen der Bevölkerung die niedrigsten
Instinkte freigesetzt und sie in der Überzeugung bestärkt, dass
man Juden immer ungestraft ermorden könne. In Polen, in Ungarn
und der Slowakei fanden nach dem Krieg Pogrome statt, in denen
Überlebende des Holocaust zu dessen verspäteten Opfern wurden. In
ihren Dimensionen sind diese Vorfälle selbstverständlich nicht mit den
Massenmorden der Nazis zu vergleichen. Allein die Tatsache, dass so
etwas nach dem Holocaust geschehen konnte, löste einen Schock und
Panik aus. Aus Polen emigrierten zwischen 1945 und 1950 die meisten
Juden.

Die Jahrzehnte lang tabuisierten oder beschwiegenen Fragen, die sich
aus den langfristigen Folgen des Zweiten Weltkriegs und den kranken
polnisch-jüdischen Beziehungen ergaben haben mich schließlich
vor drei Jahren dazu veranlasst, im Jüdischen Historischen Institut
Warschau hierzu ein interdisziplinäres Forschungsprojekt zu beginnen.
Ich bin glücklich, dass ich hierfür unter der mittleren und jungen
polnischen Forschergeneration 28 Partnerinnen und Partner an fünf
polnischen Universitäten und vier renommierten Forschungsinstituten
gefunden habe. Unsere Ergebnisse werden noch in diesem Jahr in einer
polnisch- und englischsprachigen Druckfassung erscheinen.

In den ersten 50 Jahren nach dem Holocaust wurde dieser in Europa
fast ausschließlich als deutscher Völkermord wahrgenommen, was für
eine Reihe von Ländern sehr bequem war. Dort wurde das Thema
Jahrzehnte lang freiwillig tabuisiert oder marginalisiert. Keine staatliche

Zensur war nötig. Seit den 1990er Jahren wird dieser Unschuldsmythos in der historischen Forschung zunehmend in Frage gestellt. Als die Holocaustforschung intensiviert wurde, stand aber weiterhin eine ganze Armee von Hofhistorikern zur Verteidigung der "nationalen Ehre" bereit. Inzwischen sehen immer mehr Historiker das Beschweigen - bisher ein probates Mittel zur Geschichtsfälschung - als unvereinbar mit ihrem Berufsethos an und präsentieren auch bittere Wahrheiten über die Kriegs- und Nachkriegsgeschichte.

Eine integrierte Sichtweise auf den Holocaust, die auch seine Nachkriegsfolgen mit einbezieht, hat immer noch so gut wie keinen Anklang gefunden. In vielen Holocaustmuseen brechen die Ausstellungen in der Regel mit Fotos von befreiten Lagern, von Leichenbergen und menschlichen Skeletten ab. Das Äußerste ist noch der Nürnberger Prozess. Und damit glaubt man, die Sache erledigt zu haben. Denselben Vorwurf muss man auch vielen Schulbuchautoren machen.

Es ist längst kein Geheimnis mehr, dass fast in jedem europäischen Land, in dem die nationalsozialistischen Deutschen ihr Projekt zur Ausrottung der Juden verwirklichten, ein Teil der einheimischen Bevölkerung so oder anders in den Völkermord verwickelt war: sei es als Retter, als Täter, Denunzianten, als den Tätern geneigte Zuschauer oder sei es nur als Profiteure, die sich selbst die Hände nicht schmutzig machten, und vor allem als Gleichgültige. Ich meine hier die Sünde der Unterlassung. Außer auf das Dritte Reich traf das in sehr unterschiedlichem Maße auf mindestens 13 europäische Länder zu: auf sechs verbündete und sieben besetzte. Im verbündeten Rumänien, wo die Hälfte der jüdischen Bevölkerung ermordet wurde, geschah das mit vereinten Kräften von Rumänen, Deutschen, Ukrainern und Ungarn. Die Bulgaren opferten nur die Juden aus ihren Besatzungsgebieten in Thrakien, Mazedonien und im Kosovo. In Ungarn wurden Juden zunächst in eigener Regie ermordet, doch die größte Opfergruppe von über 434.000 Menschen schickte man in die Gaskammern von Auschwitz-Birkenau. Dorthin deportierten auch Italien, die Slowakei, Norwegen und andere Länder ihre jüdischen Staatsbürger.

Diese Kooperation des Dritten Reichs mit seinen Verbündeten und der willfährigen Polizei in den meisten besetzten Ländern war charakteristisch für das deutsche Völkermord-Projekt. Die Polizei in Frankreich, Holland oder Belgien stellte auf deutschen Befehl die

Transporte in die Todeslager zusammen, die von der SS gebaut und
verwaltet wurden. In anderen besetzten Ländern, wie in Litauen,
Lettland, Estland oder der Ukraine wurden die Juden nicht allein von
Einsatzgruppen ermordet, sondern auch von Freiwilligen-Milizen der
Ortsbevölkerung. Aus dem Baltikum und der Ukraine kamen auch
die Hilfswilligen, die der SS bei der Deportation aus den Ghettos
im besetzten Polen halfen. Viele dieser Helfershelfer dienten in allen
Vernichtungszentren im Generalgouvernement. In Bełżec, Sobibór und
Treblinka überstieg ihre Anzahl die der SS-Lagerbesatzung um ein
Vielfaches.

Nichts kann das Dritte Reich von der Verantwortung für den
Holocaust freisprechen, dem die Nürnberger Gesetze den Weg bahnten.
Aber es gibt auch keinen Grund, die Regierungen Ungarns, Rumäniens,
der Slowakei, Bulgariens oder Kroatiens, die diese Gesetze nachahmten,
in einer integrierten Erzählung über den Holocaust auszusparen.

Die Rezeption des Holocaust, mit dem ein moralischer Gattungsbruch
vorliegt, bleibt solange verzerrt und unvollständig, solange eine
europäische Komplizenschaft beim deutschen Staatsverbrechen, das
hier in Berlin geplant und von hier aus gelenkt wurde, nicht Bestandteil
des europäischen historischen Bewusstseins ist.

Worte von Bundeskanzlerin
Angela Merkel vor der Knesset
am 18. März 2008

"Hier vor Ihnen zu stehen, ist eine große Ehre", sagte Bundeskanzlerin Angela Merkel auf Hebräisch, als sie ihre Worte an die Mitglieder der Knesset richtet.

"Die Shoah erfüllt uns Deutsche mit Scham. Ich verneige mich vor den Opfern. Ich verneige mich vor den Überlebenden und vor all denen, die ihnen geholfen haben, zu überleben. Jede Bundesregierung und jeder Bundeskanzler vor mir weiß um die besondere Verantwortung, die Deutschland für die Sicherheit Israels hat.

Diese historische Verantwortung ist Teil der grundlegenden Politik meines Landes. Es bedeutet, dass für mich als deutsche Kanzlerin, die Sicherheit Israels nicht verhandelbar ist", fügte Angela Merkel hinzu.

Angela Merkel in Danzig (Polen), am 2. September 2009

"Ich verneige mich vor den Opfern. Wir wissen, dass wir nicht die Gräuel des Zweiten Weltkriegs rückgängig machen können. Die Narben bleiben für immer sichtbar. Aber wir haben unsere eigene Aufgabe: Die Zukunft im Bewusstsein unserer Verantwortung nachhaltig zu gestalten." In ddiesem Sinne hat sich Europa von einem Kontinent des Schreckens und der Gewalt in einen Kontinent der Freiheit und des Friedens verwandelt. Das das möglich war, ist nicht mehr und nicht weniger als ein Wunder."

Angela Merkel im USA-Kongress
am 3. November 2009

"Der Iran muss sich dessen bewusst sein. Iran kennt unser Angebot, sondern Iran weiß auch, wo wir die Grenze ziehen: Eine Atombombe in der Hand des iranischen Präsidenten, der den Holocaust leugnet, droht Israel und bestreitet Israel das Existenzrecht, ist nicht akzeptabel! Für mich wird die Sicherheit Israels niemals offen für Verhandlungen sein. Nicht nur Israel ist bedroht, sondern die ganze freie Welt. Wer Israel droht, droht uns auch!"

Anlässlich 65 Jahre Kriegsende in Deutschland, schrieb Angela Merkel (2005)

"Kampf gegen den Antisemitismus an der Wurzel ist eine Herausforderung für die gesamte Gesellschaft, die überwiegende Mehrheit der Menschen denkt nicht in einer antisemitischen Art und Weise. Es ist wichtig für das Verständnis unserer Identität und unserer Zukunft über den Nazismus und die Vernichtung der Juden zu sprechen."

Anmerkung des Autors: Merkels Besuch in Moskau anlässlich dieses Jahrestages der Niederlage Deutschland belegt ihren Mut und ihr tiefes Verständnis für Deutschlands Verantwortung in der Geschichte und gegenüber Israel und den damaligen Siegermächten.

Angela Merkel Auf Bischof Williamsons Leugnung des Holocausts

2009 verurteilte ein Gericht in der süddeutschen Stadt Regensburg verurteilte Williamson, 70, der in einem Interview mit einem schwedischen Fernsehsender ein Jahr zuvor zum Rassenhass aufstachelte, zur Zahlung von 1800 Euro Strafe. Williamson hatte behauptet, dass nicht über sechs Millionen, sondern nur zwischen 200.000-300.000 Juden in Nazi-Konzentrationslagern ums Leben gekommen seien. Der Bischof bestritt darin auch, dass die Nazis Gaskammern verwendet haben. Dieser Vorfall führte zu Kritik von Bundeskanzlerin Merkel am Vatikan, der die Äußerungen des Bischofs aus ihrer Sicht nicht deutlich genug verurteilte. Als erste Regierungschefin überhaupt äußerte sie sich zum Eindruck der Rehabilitierung des Holocaust-Leugners Williamson bei einer Pressekonferenz mit dem kasachischen Präsidenten Nursultan Abischewitsch Nasarbajew in Berlin: Wenn durch die Haltung des Vatikans der Eindruck entstehe, dass der Holocaust geleugnet werden könne, dürfe dies nicht ohne Folgen bleiben, sagte Merkel. Von Seiten des Papstes und des Vatikans müsse "sehr eindeutig" klargestellt werden, dass es hier keine Leugnung geben könne. "Diese Klarstellung ist aus meiner Sicht noch nicht ausreichend erfolgt", sagte sie.

Moshe Iofis

Die heutige politische Führung Deutschlands verdient den höchsten Preis für den Kampf gegen die Leugnung des Holocaust und Antisemitismus

In einer Präsentation des Vereins Silicon Valley Holocaust-Überlebender anlässlich des 65. Jahrestages des Kriegsendes und der Niederlage des Nationalsozialismus, beschrieb ich in meiner Rede, dass die Gedenkstunde vom 27. Januar 2010 im Bundestag ein Höhepunkt im Kampf gegen die Leugnung des Holocaust und gegen Antisemitismus war. Ich betonte, dass ich es nur folgerichtig und gut fände, wenn die heutige politische Führung dafür den Friedensnobelpreis erhält.

Wofür hat sie das verdient?

Für ihren Kampf gegen die Leugnung des Holocaust und gegen den Antisemitismus.

Der Holocaust-Gedenktag des Bundestages ist ein Beweis für ein friedliches, demokratisches politisches System, dass Antisemitismus auf allen Ebenen bekämpft, Israel unterstützt und Widerstand gegen die iranischen Drohungen, Israel mit Atomwaffen zu zerstören, angekündigt hat.

Deshalb verdienen die Worte aus der neuen Generation diese "neuen" Deutschlands eine große Anerkennung und die Unterstützung des Nobelpreis-Komitees.

Der Holocaust wird nie vergeben oder vergessen werden. Deshalb wird die Idee, die politische Führung der Bundesrepublik Deutschland für den Friedensnobelpreis zu nominieren für Holocaust-Überlebende nur sehr schwer zu akzeptieren sein. Aber wir, die Überlebenden des Holocaust, sollten nicht nur die Trauer um die sechs Millionen ermordeten Juden fortzusetzen, sondern auch klug mit der Zukunft und der Beziehung unserer beiden Länder umgehen.

Der Appell "Nie wieder!" gilt täglich neu! Jeder der Holocaust-Überlebenden wünscht ein sich ein friedliches Leben für Kinder, Enkel und zukünftige Generationen. Das muss unser Ziel sein. Und damit Deutschland auf diesem Weg bleibt und weil es den Satz "Nie wieder!" verteidigt, hat es Anerkennung verdient.

Deshalb ist die Unterstützung für demokratische Spitzenpolitiker der Bundesrepublik Deutschland, die die Leugnung des Holocaust und jede Form von Antisemitismus bekämpfen, so extrem wichtig. Manche Leute haben die Lehren aus dem Zweiten Weltkrieg noch immer nicht begriffen. Am 28. Juli 2010 beispielsweise sind Hacker in die Internetseiten von Buchenwald, in die der Mittel'bau Memorial Website und andere Websites, die an den Holocaust erinnern, eingedrungen. Sie haben Material vernichtet, den Holocaust geleugnet und Neonazi-Parolen wie "wir kommen wieder" auf die Seiten gestellt.

In Deutschland und in der gesamten Europäischen Union haben keine anderen führenden Politiker sich so klar auf Israels Seite gestellt und so starke Aussagen zur Leugnung des Holocaust und zum Kampf gegen den Antisemitismus gemacht, wie der Präsident des Deutschen Bundestages, Prof. Dr. Norbert Lammert, und Bundeskanzlerin Angela Merkel.

Die Dankesbriefe von Norbert Lammert, Angela Merkel und Shimon Peres an den Autor dieses Buches

 Bundeskanzleramt

Britta Grabo
Group 21
Foreign, Security and Development
Policy

Bundeskanzleramt, 11012 Berlin

Mister
Moshe Iofis
825 Morse Avenue #207
Sunnyvale, CA 94085

USA

POSTAL ADDRESS   11012 Berlin

TEL   +49 (0)1888 400-0
FAX   +49 (0)1888 400-2206
E-MAIL   internetpost@bundeskanzler.de

Berlin, April 30, 2014

Dear Mr. Iofis,

Thank you for your letter to Chancellor Dr. Angela Merkel from March 14. Please understand that the Chancellor is not able to answer all the hundreds of letters in person which she receives every week.

I understand your petition to make denial of the Holocaust a crime in Ukrainian law very well. However, the Chancellor is not in the position to submit legislation to the parliament of another country. Therefore I would suggest addressing your request directly to the Ukrainian Parliament which is the competent body to decide on this matter.

Kind regards and best wishes

p.p. Britta Grabo

Prof. Dr. Norbert Lammert
Präsident des Deutschen Bundestages

Präsidialregistratur
abg.: 7. 11. 13
Anlagen: ....

Mr.
Moshe Iofis
825 Morse Avenue #207
Sunnyvale, CA 94085
USA

Berlin, 7. 11. 13

Platz der Republik 1
11011 Berlin
Telefon: +49 30 227-72901
Fax: +49 30 227-70945
praesident@bundestag.de

Dear Mr. Iofis,

thank you very much for your kind words regarding my
re-election. At the same time, I would like to use this opportunity
to thank you for your Book „Germany's Leaders against Holocaust
denial and anti-Semitism – Salient Day in the German Bundestag".
Your publication is not only for me an important encouragement
for our efforts to combat Holocaust denial and anti-Semitism.
I am grateful for your admirable commitment und wish you all the
best for the future.

Yours sincerely

z.U.Präs.

2. Kopie Rimmel zwV
3. zdA.

THE PRESIDENT

Jerusalem, 11th November, 2010

Mr. Moshe Iofis
825 Morse Avenue #207
Sunnyvale, CA 94085
U.S.A.

Dear Mr. Iofis,

I want to thank you for *Germany's leaders against Holocaust denial and anti-Semitism* and express my appreciation for including my address at the Bundestag.

In the hope that the fight against Holocaust denial and anti-Semitism will bear fruit, I wish you much success with your collection.

Sincerely yours,

Shimon Peres

Dieses Buch wurde von Moshe Iofis geschrieben, er ist der Holocaust Überlebende. Iofis beobachtete den Holocaust-Gedenktag im Deutschen Bundestag am 27. Januar 2010 und notiert in diesem Band seine Eindrücke.

Nach der eindrucksvollen Eröffnungsrede durch den Präsidenten des Bundestages Prof. Dr. Norbert Lammert, folgte die Rede des Präsidenten von Israel, Shimon Peres. Peres sprach auf Hebräisch, er trug seine Kippa und sagte Kaddisch in Erinnerung an die Millionen von den Nazis ermordeten Juden. Ein Geiger spielte "Hatiqva", die Hymne von Israel.

Die Gedenkstunde fand unter dem gleichen Dach statt, unter dem Hitler nach der Machtergreifung zunächst mit Worten die Juden bedroht und ihre Vernichtung angekündigt hatte. Moshe Iofis beeindruckte sehr, wie sich Geschichte am gleichen Ort in ihr Gegenteil verkehren kann. Es waren sehr emotionale Momente im Bundestag. Nach allem, was er daraufhin in Deutschland zum Thema gelesen und gesehen hat, ist er der festen Überzeugung, dass die deutschen Politiker, Bundestagspräsident Norbert Lammert und Bundeskanzlerin Angela Merkel, den Friedensnobelpreis für ihren Kampf gegen die Leugnung des Holocaust und den Antisemitismus verdient haben.

Lassen Sie uns abwarten, wie das Friedensnobelpreis -Komitee entscheidet.

Als Holocaust-Überlebender hoffe ich, dass die Menschen in Deutschland es nie wieder zulassen werden, sich so beherrschen zu lassen, wie sie der wahnsinnige Hitler beherrscht und manipuliert hat.

Referenzen

1. https://furtherglory.wordpress.com/2010/10/21/life-unworthy-of-life-in-german-lebensunwertes-leben/
2. John1:1http://niv.scripturetext.com/john/
3. https://www.bundestag.de/bundestag/praesidium/reden/Norbert Lammert 2010/01/248104
4. https://www.bundestag.de/kulturundgeschichte/geschichte/gastredner/peres/rede/248108
5. https://www.bundestag.de/kulturundgeschichte/geschichte/gastredner/tych/rede/248106
6. http://www.wsj.com/articles/merkels-moscow-trip-highlights-two-sides-of-germany-143110243612 http://www.cnn.com/2009/POLITICS/11/03/merkel.congress/index.html?iref=24hours